TABLE OF CONTENTS

الفهرس

D1737438

Illustrated Qur'an for kids

بسم الله الرحمن الرحيم
مقدمة

الحمد لله والصلاة والسلام على رسول الله صلى الله عليه وسلم وبعد :

فيسرنا أن نقدم إلى أطفالنا وأولياء أمورهم كتاب :

المصحف المصور للأطفال

بعد أن حقق الجزء الأول النجاح الكبير ولله الحمد ، شجعتمونا على الاستمرار في هذا العمل ، فقد حاولنا بذل قصارى جهودنا على التطور وتعلم كل جديد وكل مايخدم هذا المجال لكي نبقى عند حسن ظنكم والحمد لله نقدم لكم هذا الجزء الثاني ، ونتمنى أن نكون قد وفقنا في تقديم الفائدة إلى أبنائنا وبناتنا ونسأل الله عز وجل لهم دوام التميز والنجاح وأن يجعلهم من حفظة كتابه.

ولكي يحقق الكتاب الأهداف المرجوة عزيزي ولي الأمر ؛ قم باتباع الخطوات التالية :

_ اجلس في ركن مخصص من المنزل لقراءة القرآن في نفس التوقيت مع أطفالك كل يوم .

_ تناقش معهم عن الأفكار الرئيسية في السورة وعن أحداث القصص التي تدور فيها .

_ أجب عن تساؤلات طفلك حول معاني الآيات .

_ شاهد فيديو تفسير للأطفال. هذا سيجعل حفظ السورة أسهل وأعمق.

_ عليك وأنت تقرأ لطفلك ، أن تنطق الكلمات بطريقة صحيحة مع أحكام التجويد ؛ لأن طفلك يقلدك عندما يريد أن يقرأ القرآن.

_ الآن بعد أن توضحت المعاني لأطفالك، ابدأ بقراءة أول قسم من السورة مع الإشارة إلى الرسومات التوضيحية لتنمية الوعي البصري والسمعي معاً لدى الطفل. ثم بعد إتقانها وحفظها ، انتقل إلى القسم الثاني من السورة وهكذا.

_ اجعلهم يكرروا وراءك ماتقرأ وأنت تشير إلى الرسومات والكتابات، لن تأخذ منك هذه العملية أكثر من خمس دقائق في اليوم ؛ وتذكر : (قليل دائم خير من كثير منقطع) .

_ عندما تنتهون كافئكم بمكافأة رمزية بسيطة (بالون،حلوى ، مملحات،فاكهة .....) كتشجيع لهم على إنجازهم وليرتبط وقت القرآن بجو من المرح والسعادة .

_ اجعل هذه عادة يومية سعيدة ، ليكون القرآن مصاحب لنا في حياتنا ويعطينا البركة ، وتذكر: (ما زاحم القرآن شيئاً إلا باركه) والاستمرارية هي الأهم.

لماذا تختار لأطفالك كتاب المصحف المصور للأطفال:

لأننا استخدمنا كل الوسائل والرسوم التوضيحية و الجذابة التي نستطيع من خلالها أن نثبّت المعنى ونحبب الطفل بتعلم القرآن وأن يتحول لرحلة ممتعة إن شاء الله ، والأهم من ذلك أننا استفتينا الكثير من العلماء الثقة قبل أن نطرح أمامكم أي سورة وإن شاء الله سنبقى محافظين على ثقتكم . ونسأل الله عز وجل أن ينفع بهذا الكتاب وأن يرزقنا الإخلاص في القول والعمل .

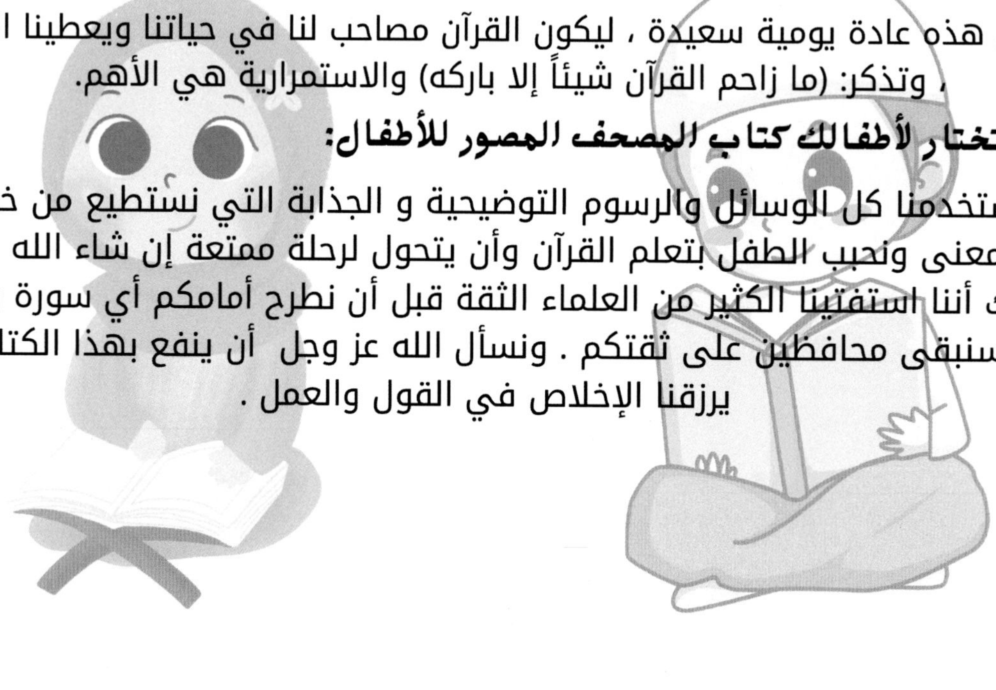

2

In the name of God, the most gracious, the most merciful
introduction

Praise be to Allah, and peace and blessings be upon the Messenger of Allah (peace be upon him).

We are pleased to present a book to our children and their guardians: **"The Illustrated Qur'an for Kids."** After the great success of the first part, and with your encouragement to continue this work, we have endeavoured to do our best to learn and develop to continue meeting your expectations. Thanks to Allah, we present the second part of this book, and we hope we have succeeded in providing benefits to our sons and daughters. We ask Allah, The Almighty, to grant them excellence and success and to make them among the keepers of His Noble Book.

To achieve the desired objectives of this book, dear parents, please follow these steps:

_ Sit in a designated corner of the house to read The Qur'an with your children at the same time every day.

_ Discuss with them the main ideas in the Surah and the events of the stories that take place in them.

_Answer your child's questions about the meanings of the verses

—Watch a video explanation for children, as this will make memorizing the Surah deeper and easier.

—When you read to your child, be sure to read the words correctly with proper Tajweed rules because your child will imitate you when they want to read The Qur'an.

—Now that you have explained the meanings to your child start reading the first section of the Surah while pointing to the illustrations to develop visual and auditory awareness in the child. Then, after mastering and memorizing it, move on to the second section of the Surah and so on.

— Have them repeat after you what you read while pointing to the illustrations and writings. This process will not take more than five minutes a day, and remember that "A little but constant is better than a lot that is intermittent".

_ When you finish, reward them with a symbolic reward such as a balloon, candy, chips, fruit, etc., to encourage them to achieve and to associate the time of The Qur'an with an atmosphere of fun and happiness.

— Make this a happy daily habit so that The Qur'an is with us in our lives and gives us blessings. Remember, "Nothing crowds out the Qur'an except that it blesses it." And continuity is the most important.

Why do you choose "The Illustrated Qur'an for Children" for your children? Because we have used all means and resources, including drawings, colors, stories, and explanations, to make The Qur'an accessible and understandable to children in a way that suits their age and cognitive abilities. In addition, we have simplified the verses and recitations, and made sure that the illustrations are appropriate for Islamic teachings and values.

May Allah guide us, and you to what pleases Him, and grant us success in this world and the Hereafter. Amen

3

سورة الشمس

Suratu Ashshams

بِسْمِ اللهِ الرَّحْمٰنِ الرَّحِيْمِ

Bismillahi arrahmani arraheem

وَالشَّمْسِ وَضُحَاهَا ﴿١﴾

Washshamsi waduhaha ①

وَالْقَمَرِ إِذَا تَلَاهَا ﴿٢﴾

Walqamari itha talaha ②

وَالنَّهَارِ إِذَا جَلَّاهَا ﴿٣﴾

Wannahari itha jallaha ③

وَاللَّيْلِ إِذَا يَغْشَاهَا ﴿٤﴾

Wallayli itha yaghshaha ④

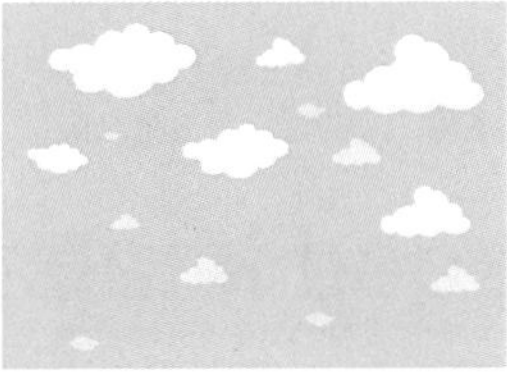

وَالسَّمَاءِ وَمَا بَنَاهَا ﴿٥﴾

Wassamai wama banaha ⑤

وَالْأَرْضِ وَمَا طَحَاهَا ﴿٦﴾

Walardi wama tahaha ⑥

وَنَفْسٍ وَمَا سَوَّاهَا ﴿٧﴾

Wanafsin wama sawwaha⑦

فَأَلْهَمَهَا فُجُورَهَا وَتَقْوَاهَا ﴿٨﴾

Faalhamaha fujooraha wataqwaha⑧

قَدْ أَفْلَحَ مَنْ زَكَّاهَا ﴿٩﴾

Qad aflaha man zakkaha⑨

وَقَدْ خَابَ مَنْ دَسَّاهَا ﴿١٠﴾

Waqad khaba man dassaha ⑩

كَذَّبَتْ ثَمُودُ بِطَغْوَاهَا ﴿١١﴾

Kaththabat thamoodu bitaghwaha ⑪

إِذِ انْبَعَثَ أَشْقَاهَا ﴿١٢﴾

IthinbaAAatha ashqaha ⑫

فَقَالَ لَهُمْ رَسُولُ اللَّهِ نَاقَةَ اللَّهِ وَسُقْيَاهَا ﴿١٣﴾

Faqala lahum rasoolullahi naqatallahi wasuqyaha ⑬

فَكَذَّبُوهُ فَعَقَرُوهَا

Fakaththaboohu faAAaqarooha

فَدَمْدَمَ عَلَيْهِمْ رَبُّهُم بِذَنبِهِمْ فَسَوَّاهَا ﴿١٤﴾
وَلَا يَخَافُ عُقْبَاهَا ﴿١٥﴾

fadamdama AAalayhim rabbuhum
bithanbihim fasawwaha (14)
Wala yakhafu AAuqbaha (15)

سورة الليل

Suratu Allayl

بِسْمِ اللَّهِ الرَّحْمَٰنِ الرَّحِيمِ

Bismillahi arrahmani arraheem

وَاللَّيْلِ إِذَا يَغْشَىٰ ﴿١﴾

Wallayli itha yaghsha ①

وَالنَّهَارِ إِذَا تَجَلَّىٰ ﴿٢﴾

Wannahari itha tajalla ②

وَمَا خَلَقَ الذَّكَرَ وَالْأُنْثَىٰ ﴿٣﴾

Wama khalaqa alththakara waalontha ③

إِنَّ سَعْيَكُمْ لَشَتَّىٰ ﴿٤﴾

Inna saAAyakum lashatta ④

فَأَمَّا مَنْ
أَعْطَىٰ وَاتَّقَىٰ ﴿٥﴾

Faamma
man aAAta
waittaqa ⑤

وَصَدَّقَ
بِالْحُسْنَىٰ ﴿٦﴾

Wasaddaqa
bialhusna ⑥

فَسَنُيَسِّرُهُ
لِلْيُسْرَىٰ ﴿٧﴾

Fasanuyassiruhu
lilyusra ⑦

وَأَمَّا مَنْ
بَخِلَ
وَاسْتَغْنَىٰ ﴿٨﴾

Waamma
man bakhila
wastaghna ⑧

وَكَذَّبَ
بِالْحُسْنَىٰ ﴿٩﴾

Wakaththaba
bialhusna ⑨

فَسَنُيَسِّرُهُ
لِلْعُسْرَىٰ ﴿١٠﴾

Fasanuyassiruhu
lilAAusra ⑩

وَمَا يُغْنِي عَنْهُ مَالُهُ إِذَا تَرَدَّىٰ ﴿١١﴾

Wama yughnee AAanhu maluhu itha taradda (11)

إِنَّ عَلَيْنَا لَلْهُدَىٰ ﴿١٢﴾

Inna AAalayna lalhuda (12)

يوم القيامة

وَإِنَّ لَنَا لَلْآخِرَةَ وَالْأُولَىٰ ﴿١٣﴾

Wainna lana lalakhirata waloola (13)

فَأَنْذَرْتُكُمْ نَارًا تَلَظَّىٰ ﴿١٤﴾

Faanthartukum naran talaththa ⑭

لَا يَصْلَاهَا إِلَّا الْأَشْقَى ﴿١٥﴾

La yaslaha illa alashqa ⑮

الَّذِي كَذَّبَ وَتَوَلَّىٰ ﴿١٦﴾

Allathee kaththaba watawalla ⑯

13

وَسَيُجَنَّبُهَا الْأَتْقَى ﴿١٧﴾

Wasayujannabuha alatqa (17)

الَّذِي يُؤْتِي مَالَهُ يَتَزَكَّى ﴿١٨﴾

Allathee yutee malahu yatazakka (18)

وَمَا لِأَحَد عِنْدَهُ مِنْ نِعْمَةٍ تُجْزَى ﴿١٩﴾

Wama liahadin AAindahu min niAAmatin tujza (19)

إِلَّا ابْتِغَاءَ وَجْهِ رَبِّهِ الْأَعْلَى ﴿٢٠﴾

Illa ibtighaa wajhi rabbihi alaAAla (20)

وَلَسَوْفَ يَرْضَى ﴿٢١﴾

Walasawfa yarda (21)

سورة الضحى
Suratu Adduha

15

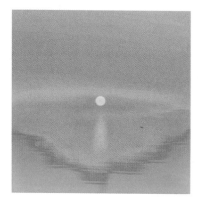

بِسْمِ اللّٰهِ الرَّحْمٰنِ الرَّحِيْمِ

Bismillahi arrahmani arraheem

وَالضُّحَىٰ ﴿١﴾

Wadduha ①

وَاللَّيْلِ إِذَا سَجَىٰ ﴿٢﴾

Wallayli itha saja ②

مَا وَدَّعَكَ رَبُّكَ وَمَا قَلَىٰ ﴿٣﴾

Ma waddaAAaka rabbuka wama qala ③

الجنة

وَلَلْآخِرَةُ خَيْرٌ لَكَ مِنَ الْأُولَى ﴿٤﴾

Walalakhiratu khayrun laka mina aloola ④

وَلَسَوْفَ يُعْطِيكَ رَبُّكَ فَتَرْضَى ﴿٥﴾

Walasawfa yuAAteeka rabbuka fatarda ⑤

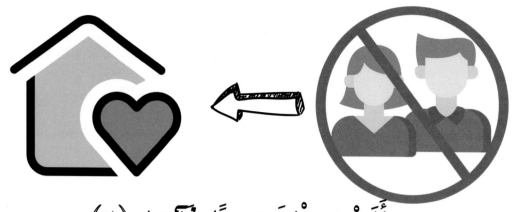

أَلَمْ يَجِدْكَ يَتِيمًا فَآوَىٰ ﴿٦﴾

Alam yajidka yateeman faawa⑥

وَوَجَدَكَ ضَالًّا فَهَدَىٰ ﴿٧﴾

Wawajadaka dallan fahada⑦

وَوَجَدَكَ عَائِلًا فَأَغْنَىٰ ﴿٨﴾

Wawajadaka AAailan faaghna⑧

فَأَمَّا الْيَتِيمَ فَلَا تَقْهَرْ ﴿٩﴾

Faamma alyateema fala taqhar ⑨

وَأَمَّا السَّائِلَ فَلَا تَنْهَرْ ﴿١٠﴾

Waamma assaila fala tanhar ⑩

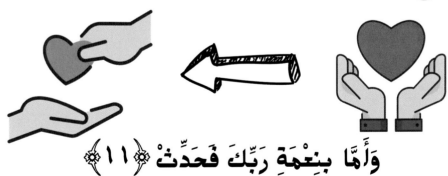

وَأَمَّا بِنِعْمَةِ رَبِّكَ فَحَدِّثْ ﴿١١﴾

Waamma biniAAmati rabbika fahaddith ⑪

19

سورة الشرح
Suratu Ashsharh

بِسْمِ اللَّهِ الرَّحْمَٰنِ الرَّحِيمِ

Bismillahi arrahmani arraheem

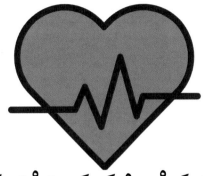

أَلَمْ نَشْرَحْ لَكَ صَدْرَكَ ﴿١﴾

Alam nashrah laka sadraka①

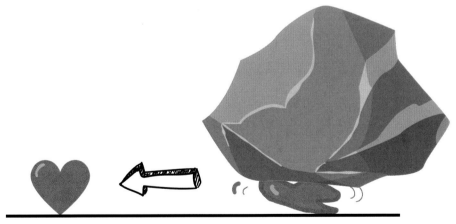

وَوَضَعْنَا عَنْكَ وِزْرَكَ ﴿٢﴾
WawadaAAna AAanka wizraka②

الَّذِي أَنْقَضَ ظَهْرَكَ ﴿٣﴾

Allathee anqada thahraka ③

وَرَفَعْنَا لَكَ ذِكْرَكَ ﴿٤﴾

WarafaAAna laka thikraka ④

2x

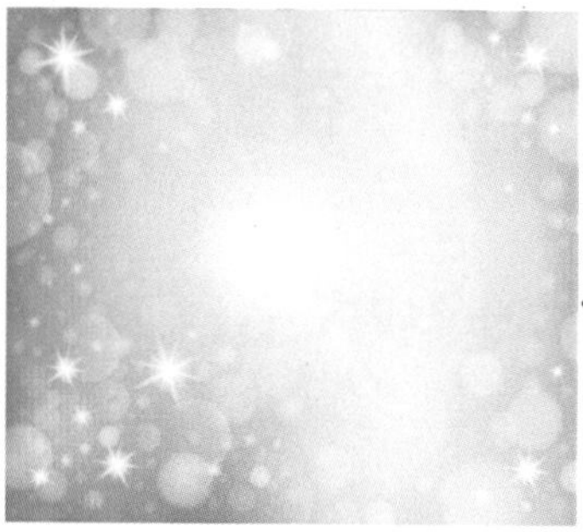

فَإِنَّ مَعَ الْعُسْرِ يُسْرًا ﴿٥﴾ إِنَّ مَعَ الْعُسْرِ يُسْرًا ﴿٦﴾

Fainna maAAa alAAusri yusran ⑤

Inna maAAa alAAusri yusran ⑥

فَإِذَا فَرَغْتَ فَانْصَبْ ﴿٧﴾

Faitha faraghta fansab ⑦

وَإِلَىٰ رَبِّكَ فَارْغَبْ ﴿٨﴾

Waila rabbika farghab ⑧

سورة التين
Suratu Atteen

Bismillahi arrahmani arraheem

جَبَل الطور

﴿١﴾ وَالتِّينِ وَالزَّيْتُونِ

Waaltteeni waalzzaytooni①

﴿٢﴾ وَطُورِ سِينِينَ

Watoori seeneena②

﴿٣﴾ وَهَذَا الْبَلَدِ الْأَمِينِ

Wahatha albaladi alameeni③

﴿٤﴾ لَقَدْ خَلَقْنَا الْإِنْسَانَ فِي أَحْسَنِ تَقْوِيمٍ

Laqad khalaqna alinsana fee ahsani taqweemin④

﴿٥﴾ ثُمَّ رَدَدْنَاهُ أَسْفَلَ سَافِلِينَ

Thumma radadnahu asfala safileena⑤

إِلَّا الَّذِينَ آمَنُوا وَعَمِلُوا الصَّالِحَاتِ

Illa allatheena amanoo
waAAamiloo assalihati

فَلَهُمْ أَجْرٌ غَيْرُ مَمْنُونٍ ﴿٦﴾

falahum ajrun ghayru mamnoonin ⑥

فَمَا يُكَذِّبُكَ بَعْدُ بِالدِّينِ ﴿٧﴾

Fama yukaththibuka baAAdu bialddeeni ⑦

أَلَيْسَ اللَّهُ بِأَحْكَمِ الْحَاكِمِينَ ﴿٨﴾

Alaysallahu biahkami alhakimeena ⑧

سورة العلق

Suratu Alalaq

بِسْمِ اللَّهِ الرَّحْمَٰنِ الرَّحِيمِ

Bismillahi arrahmani arraheem

اقْرَأْ بِاسْمِ رَبِّكَ الَّذِي خَلَقَ ﴿١﴾

Iqra biismi rabbika allathee khalaqa①

خَلَقَ الْإِنْسَانَ مِنْ عَلَقٍ ﴿٢﴾

Khalaqa alinsana min AAalaqin②

الأكرم

اقرأ

اقْرَأْ وَرَبُّكَ الْأَكْرَمُ ﴿٣﴾

Iqra warabbuka alakramu ③

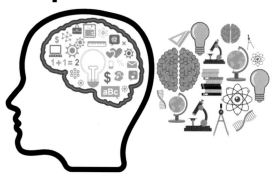

الَّذِي عَلَّمَ بِالْقَلَمِ ﴿٤﴾

Allathee AAallama bialqalami ④

عَلَّمَ الْإِنسَانَ مَا لَمْ يَعْلَمْ ﴿٥﴾

AAallama alinsana ma lam yaAAlam ⑤

كَلَّا إِنَّ الْإِنْسَانَ لَيَطْغَىٰ ﴿٦﴾

Kalla inna alinsana layatgha⑥

أَنْ رَآهُ اسْتَغْنَىٰ ﴿٧﴾

An raahu istaghna⑦

إِنَّ إِلَىٰ رَبِّكَ الرُّجْعَىٰ ﴿٨﴾

Inna ila rabbika arrujAAa⑧

أَرَأَيْتَ الَّذِي يَنْهَىٰ ﴿٩﴾

Araayta allathee yanha ⑨

عَبْدًا إِذَا صَلَّىٰ ﴿١٠﴾

AAabdan itha salla ⑩

أَرَأَيْتَ إِن كَانَ عَلَى الْهُدَىٰ ﴿١١﴾ أَوْ أَمَرَ بِالتَّقْوَىٰ ﴿١٢﴾

Araayta in kana AAala alhuda (11)
Aw amara bialttaqwa (12)

أَرَأَيْتَ إِن كَذَّبَ وَتَوَلَّىٰ ﴿١٣﴾

Araayta in kaththaba
watawalla (13)

الله

أَلَمْ يَعْلَمْ بِأَنَّ اللَّهَ يَرَىٰ ﴿١٤﴾

Alam yaAAlam bianna Allaha yara (14)

كَلَّا لَئِنْ لَمْ يَنْتَهِ لَنَسْفَعًا بِالنَّاصِيَةِ ﴿١٥﴾

Kalla lain lam yantahi lanasfaAAan bialnnasiyati (15)

نَاصِيَةٍ كَاذِبَةٍ خَاطِئَةٍ ﴿١٦﴾

Nasiyatin kathibatin khatiatin (16)

فَلْيَدْعُ نَادِيَهُ ﴿١٧﴾

FalyadAAu nadiyahu (17)

سَنَدْعُ الزَّبَانِيَةَ ﴿١٨﴾

SanadAAu alzzabaniyata (18)

كَلَّا لَا تُطِعْهُ

Kalla la tutiAAhu

وَاسْجُدْ وَاقْتَرِبْ ۩ ﴿١٩﴾

waosjud waiqtarib ۩ (19)

سورة القدر

Suratu Alqadr

بِسْمِ اللهِ الرَّحْمٰنِ الرَّحِيمِ

Bismillahi arrahmani arraheem

إِنَّا أَنْزَلْنَاهُ فِي لَيْلَةِ الْقَدْرِ ﴿١﴾

Inna anzalnahu fee laylati alqadri①

وَمَا أَدْرَاكَ مَا لَيْلَةُ الْقَدْرِ ﴿٢﴾

Wama adraka ma laylatu alqadri②

لَيْلَةُ الْقَدْرِ خَيْرٌ مِنْ أَلْفِ شَهْرٍ ﴿٣﴾

Laylatu alqadri khayrun min alfi shahrin ③

تَنَزَّلُ الْمَلَائِكَةُ وَالرُّوحُ فِيهَا
بِإِذْنِ رَبِّهِمْ مِنْ كُلِّ أَمْرٍ ﴿٤﴾

Tanazzalu almalaikatu waalrroohu feeha biithni rabbihim min kulli amrin ④

سَلَامٌ هِيَ حَتَّىٰ مَطْلَعِ
الْفَجْرِ ﴿٥﴾

Salamun hiya hatta matlaAAi alfajri ⑤

سورة البينة

Suratu Albayyinah

بِسْمِ اللَّهِ الرَّحْمَٰنِ الرَّحِيمِ

Bismillahi arrahmani arraheem

لَمْ يَكُنِ الَّذِينَ كَفَرُوا مِنْ أَهْلِ الْكِتَابِ وَالْمُشْرِكِينَ مُنْفَكِّينَ

Lam yakuni allatheena kafaroo min ahli alkitabi walmushrikeena munfakkeena

حَتَّىٰ تَأْتِيَهُمُ الْبَيِّنَةُ ﴿١﴾

hatta tatiyahumu albayyinatu ①

رَسُولٌ مِنَ اللَّهِ يَتْلُو صُحُفًا مُطَهَّرَةً ﴿٢﴾

Rasoolun minallahi yatloo suhufan mutahharatan②

فِيهَا كُتُبٌ قَيِّمَةٌ ﴿٣﴾

Feeha kutubun qayyimatun③

وَمَا تَفَرَّقَ الَّذِينَ أُوتُوا الْكِتَابَ

Wama tafarraqa allatheena ootoo alkitaba

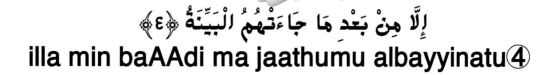

إِلَّا مِنْ بَعْدِ مَا جَاءَتْهُمُ الْبَيِّنَةُ ﴿٤﴾

illa min baAAdi ma jaathumu albayyinatu④

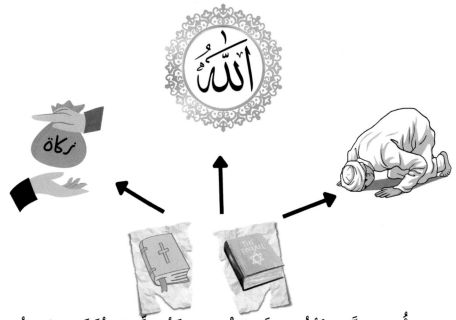

وَمَا أُمِرُوا إِلَّا لِيَعْبُدُوا اللَّهَ مُخْلِصِينَ لَهُ الدِّينَ حُنَفَاءَ وَيُقِيمُوا الصَّلَاةَ وَيُؤْتُوا الزَّكَاةَ

Wama omiroo illa liyaAAbudoo Allaha mukhliseena lahu addeena hunafaa wayuqeemoo assalata wayutoo azzakata

وَذَٰلِكَ دِينُ الْقَيِّمَةِ ﴿٥﴾

wathalika deenu alqayyimati⑤

إِنَّ الَّذِينَ كَفَرُوا مِنْ أَهْلِ الْكِتَابِ وَالْمُشْرِكِينَ

Inna allatheena kafaroo
min ahli alkitabi
walmushrikeena

فِي نَارِ جَهَنَّمَ خَالِدِينَ فِيهَا

fee nari
jahannama
khalideena feeha

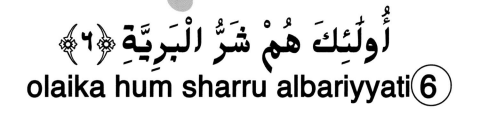

أُولَئِكَ هُمْ شَرُّ الْبَرِيَّةِ ﴿٦﴾
olaika hum sharru albariyyati ⑥

41

إِنَّ الَّذِينَ آمَنُوا وَعَمِلُوا الصَّالِحَاتِ أُولَٰئِكَ هُمْ خَيْرُ الْبَرِيَّةِ ﴿٧﴾

Inna allatheena amanoo waAAamiloo assalihati olaika hum khayru albariyyati⑦

جَزَاؤُهُمْ عِنْدَ رَبِّهِمْ جَنَّاتُ عَدْنٍ تَجْرِي مِنْ تَحْتِهَا الْأَنْهَارُ خَالِدِينَ فِيهَا أَبَدًا

Jazaohum AAinda rabbihim jannatu AAadnin tajree min tahtiha alanharu khalideena feeha abadan

رَضِيَ اللَّهُ عَنْهُمْ وَرَضُوا عَنْهُ ذَٰلِكَ لِمَنْ خَشِيَ رَبَّهُ ﴿٨﴾
radiyallahu AAanhum waradoo AAanhu
thalika liman khashiya rabbahu⑧

سورة الزلزلة

Suratu Azzalzalah

بِسۡمِ ٱللَّهِ ٱلرَّحۡمَٰنِ ٱلرَّحِيمِ

Bismillahi arrahmani arraheem

إِذَا زُلۡزِلَتِ ٱلۡأَرۡضُ زِلۡزَالَهَا ﴿١﴾

Itha zulzilati alardu zilzalaha ①

وَأَخۡرَجَتِ ٱلۡأَرۡضُ أَثۡقَالَهَا ﴿٢﴾

Waakhrajati alardu athqalaha ②

وَقَالَ الْإِنْسَانُ مَا لَهَا ۞٣۞

Waqala alinsanu ma laha③

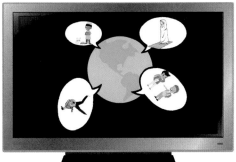

يَوْمَئِذٍ تُحَدِّثُ أَخْبَارَهَا ۞٤۞

Yawmaithin tuhaddithu akhbaraha④

45

بِأَنَّ رَبَّكَ أَوْحَىٰ لَهَا ۝٥

Bianna rabbaka awha laha⑤

يَوْمَئِذٍ يَصْدُرُ النَّاسُ أَشْتَاتًا

Yawmaithin yasduru annasu ashtatan

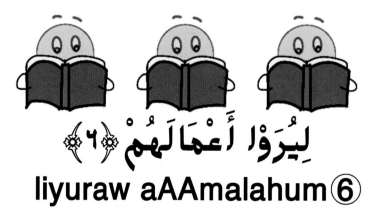

لِيُرَوْا أَعْمَالَهُمْ ۝٦

liyuraw aAAmalahum⑥

46

فَمَن يَعْمَلْ مِثْقَالَ ذَرَّةٍ خَيْرًا يَرَهُ ﴿٧﴾

Faman yaAAmal mithqala tharratin khayran yarahu⑦

وَمَن يَعْمَلْ مِثْقَالَ ذَرَّةٍ شَرًّا يَرَهُ ﴿٨﴾

Waman yaAAmal mithqala tharratin sharran yarahu⑧

سورة العاديات

Suratu Alaadiyat

بِسْمِ اللَّهِ الرَّحْمَٰنِ الرَّحِيمِ

Bismillahi arrahmani arraheem

وَالْعَادِيَاتِ ضَبْحًا ﴿١﴾

WalAAadiyati dabhan ①

فَالْمُورِيَاتِ قَدْحًا ﴿٢﴾

Falmooriyati qadhan ②

فَالْمُغِيرَاتِ صُبْحًا ﴿٣﴾

Faalmugheerati subhan③

فَأَثَرْنَ بِهِ نَقْعًا ﴿٤﴾

Faatharna bihi naqAAan ④

فَوَسَطْنَ بِهِ جَمْعًا ۞٥۞

Fawasatna bihi jamAAan⑤

إِنَّ الْإِنْسَانَ لِرَبِّهِ لَكَنُودٌ ﴿٦﴾

Inna alinsana lirabbihi lakanoodun⑥

وَإِنَّهُ عَلَىٰ ذَٰلِكَ لَشَهِيدٌ ﴿٧﴾

Wainnahu AAala thalika lashaheedun⑦

وَإِنَّهُ لِحُبِّ الْخَيْرِ لَشَدِيدٌ ﴿٨﴾

Wainnahu lihubbi alkhayri lashadeedun⑧

أَفَلَا يَعْلَمُ إِذَا بُعْثِرَ مَا فِي الْقُبُورِ ﴿٩﴾

Afala yaAAlamu itha buAAthira ma fee alquboori⑨

وَحُصِّلَ مَا فِي الصُّدُورِ ﴿١٠﴾

Wahussila ma fee assudoori ⑩

إِنَّ رَبَّهُمْ بِهِمْ يَوْمَئِذٍ لَخَبِيرٌ ﴿١١﴾

Inna rabbahum bihim yawmaithin lakhabeerun⑪

الخاتمة

هذا الكتاب وسيلة مساعدة للحفظ ، وإذا أعجبكم الكتاب فأخبروا أصدقاءكم، وضعوا تقييم خمس نجوم ؛ لتشجيعنا ، أما إذا كان لديكم ملاحظات فأرسلوها لنا على مواقع التواصل التالية لكي نتلافاها في الطبعات القادمة وجزاكم الله خيراً.

Conclusion: This book is a means to assist with memorization. If you liked the book, please tell your friends, and give us a five-star rating to encourage us. However, if you have any comments or feedback, please send them to us through the following social media channels so we can address them in future editions. May Allah reward you with goodness.

 YouTube : عائلة توتي وليموني

 tiktok: illustrated_quran_for_ki

Instagram: illustrated_quran_for_kids

Facebook: illustrated_quran_for_kids

Made in the USA
Las Vegas, NV
20 February 2025